AF338855

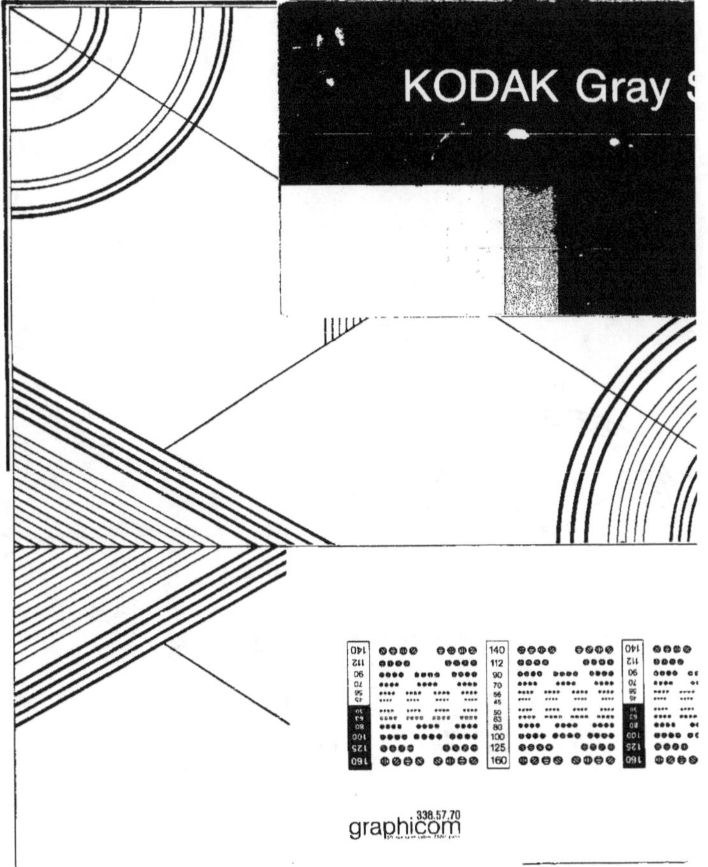

KODAK Gray S
338.57.70
graphicom

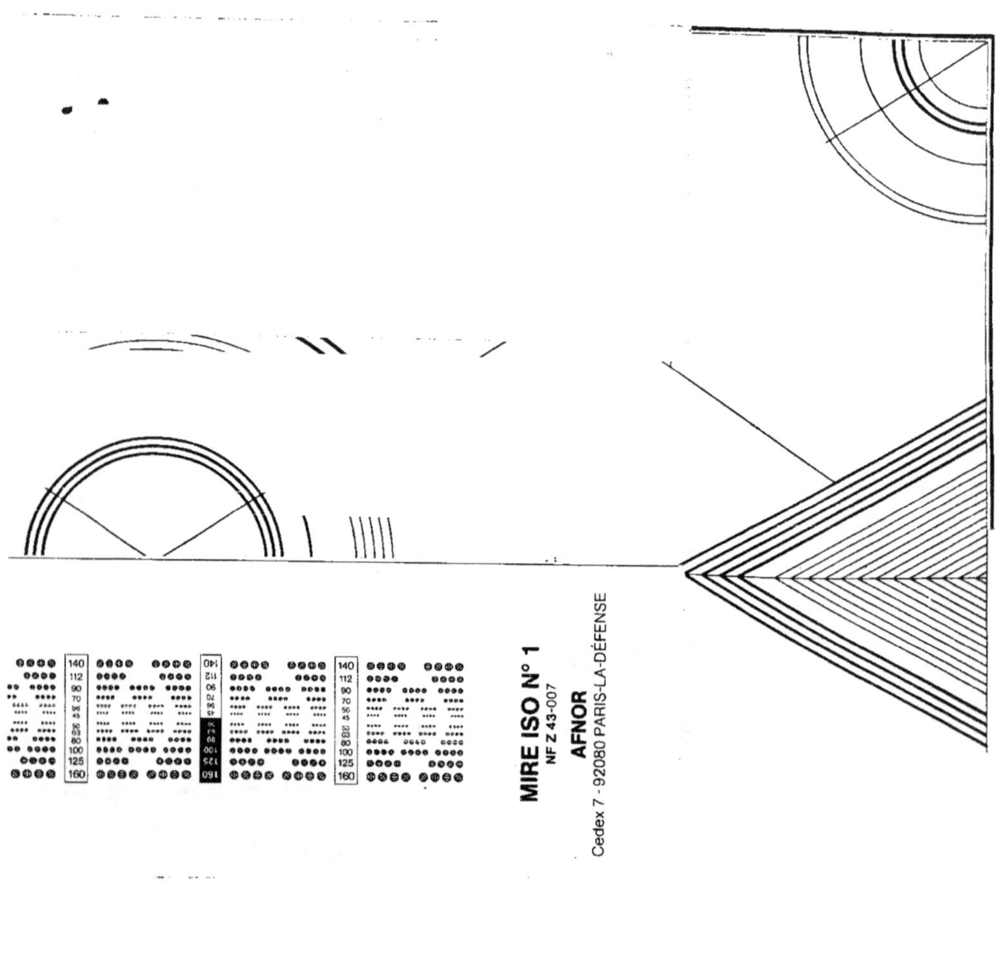
MIRE ISO N° 1
NF Z 43-007
AFNOR
Cedex 7 - 92080 PARIS-LA-DÉFENSE
3   4   5   6   8   9   10

BIBLIOTHEQUE NATIONALE
DE FRANCE

DEPARTEMENT
DES LIVRES IMPRIMES

FILMOTHEQUE DE SECURITE

Entier

R 115626

Cde : 321   Volts : Auto   : 14½

Date : M.03.98   FB

CE DOCUMEN

TEL QU'

Γ A ÉTÉ MICROFILMÉ
IL A ÉTÉ RELIÉ

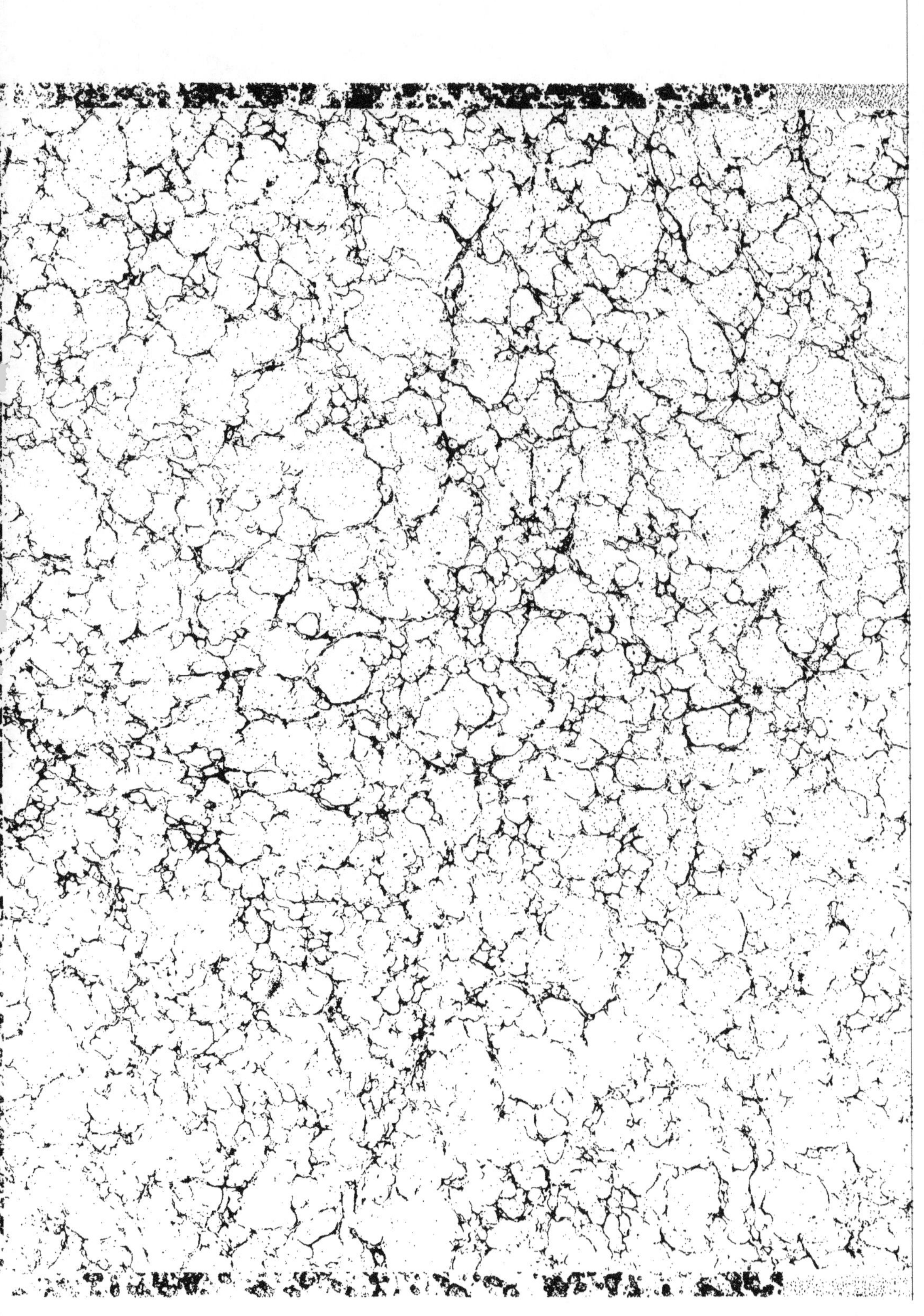

19 18 17 16 15 14 13 12 11 10 9 8 7 6 5 4 3 2

Coupe transversale du Coteau suivant A.B.

Plan

E
N
S
O

Bords
Bords

Partie

1 0 1 2 3 4 5 6 7 8 9 10 11 12 13 14 15 16 17 18 19

lu Cimetière Mérovingien.

non fouillée contenant des tombes .

Plan Général d'Andrésy. ($\frac{1}{10.000}$)

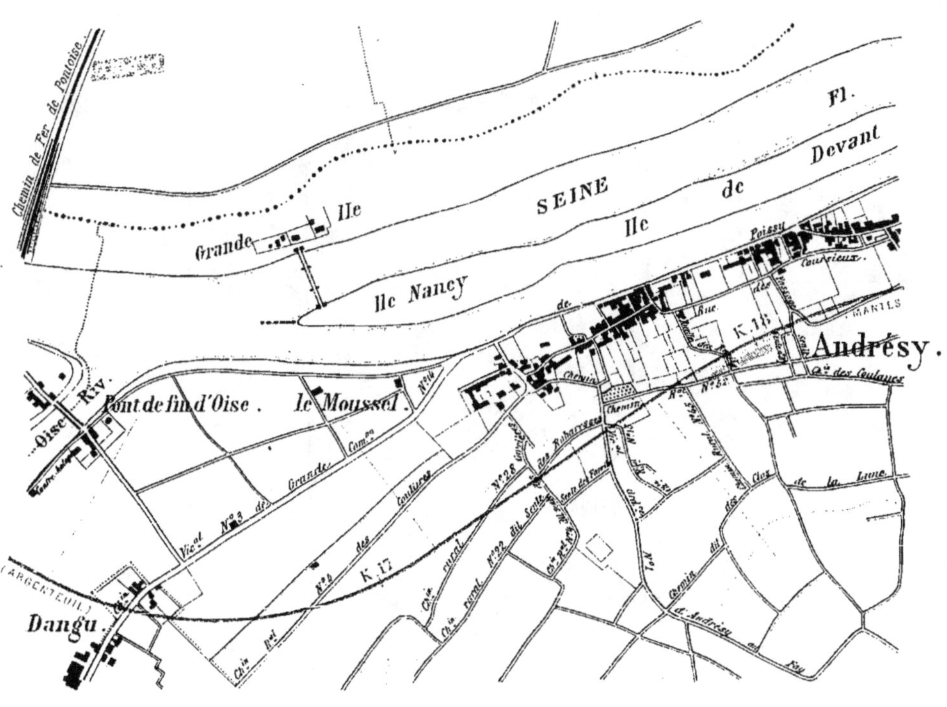

Légende :

Les sarcophages non teintés sont en plâtre
La teinte rouge indique les sépultures avec sarcophage en pierre
La teinte jaune indique les sépultures sans sarcophage.
La lettre S indique les sarcophages avec scramasaxe.
___ d° ___ F. __________ d° ______________ francisque
___ d°.. __ L. _________ d° _____ ______ iance
Le signe O indique la poterie
Les sarcophages barrés en diagonale étaient recouverts de dalles en
pierre.

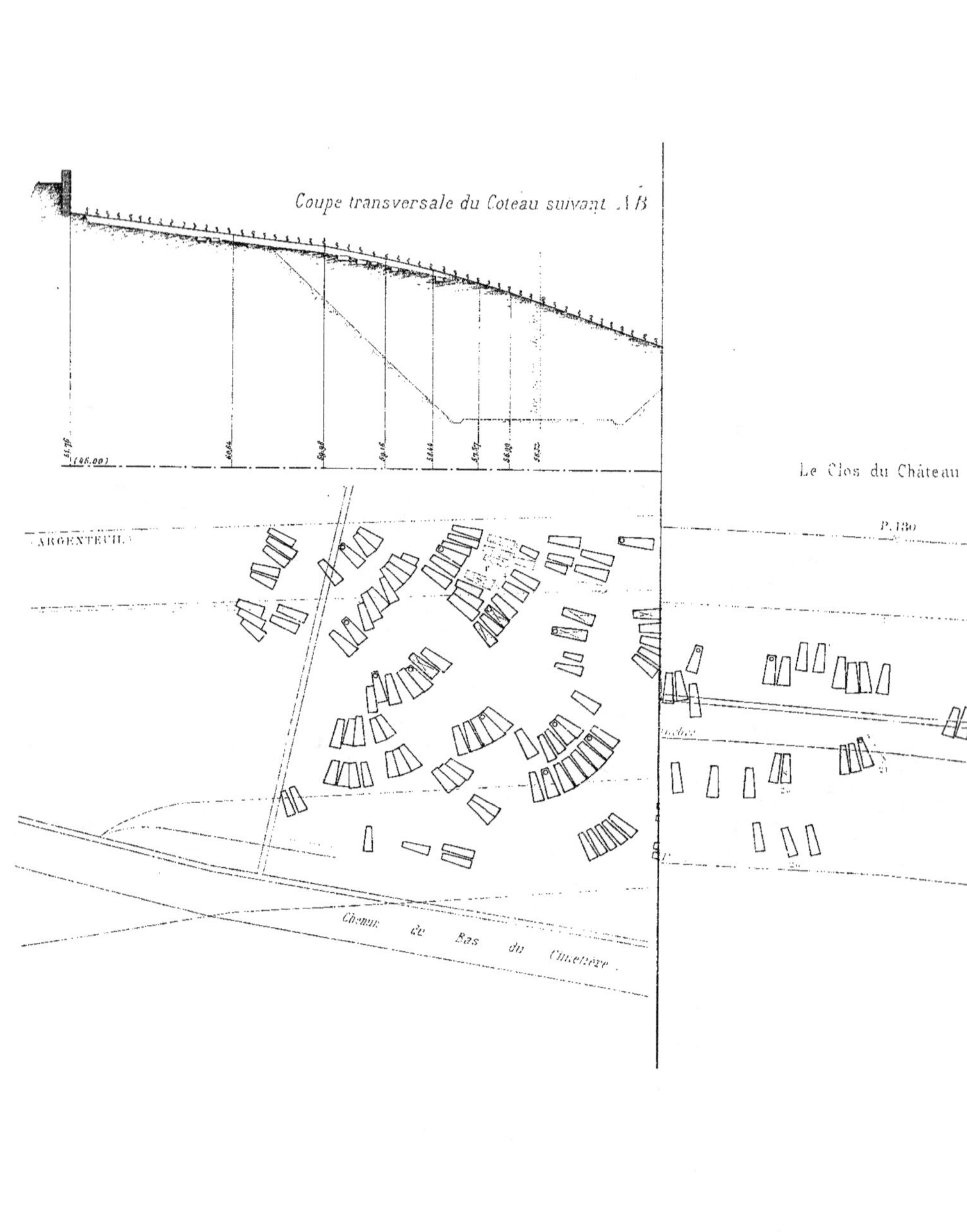

Coupe transversale du Coteau suivant AB
ARGENTEUIL
Le Clos du Château
P.130
Chemin de Bas du Cimetière

CHEMINS DE FER DE L'OUEST

Ligne d'Argenteuil à Mantes

CIMETIÈRE MÉROVINGIEN

D'ANDRÉSY

(S.-&-O.)

✳

NOTICE

Par Lucien COSSERAT

Ancien élève de l'École Polytechnique, chef de section des travaux

Paris

LIBRAIRIES-IMPRIMERIES RÉUNIES

MAY ET MOTTEROZ

2, rue Mignon, 2

1891

CIMETIÈRE MÉROVINGIEN

D'ANDRÉSY (S.-&-O.)

CIMETIÈRE MÉROVINGIEN

D'ANDRÉSY

(S.-&-O.)

*

NOTICE

Par Lucien COSSERAT

Ancien élève de l'École Polytechnique, chef de section des travaux

Paris

LIBRAIRIES-IMPRIMERIES RÉUNIES

MAY ET MOTTEROZ

2, rue Mignon, 2

—

1891

CIMETIÈRE MÉROVINGIEN

D'ANDRÉSY

DÉCOUVERTE DU CIMETIÈRE

Les travaux de la ligne d'Argenteuil à Mantes ont amené la découverte d'un cimetière ancien dans la tranchée d'Andrésy, près du village de ce nom.

La Compagnie de l'Ouest ayant décidé d'explorer avec soin ce cimetière dans la mesure compatible avec les exigences des travaux, M. Cosserat, chef de section à Conflans, qui en avait signalé l'existence, fut chargé d'en exécuter les fouilles.

Les fouilles, commencées en mai, ont été terminées en novembre 1890 et menées à bonne fin malgré la gêne causée par le voisinage du chantier de terrassements. Elles ont fait découvrir un cimetière de près de cinq cents tombes, correspondant à plus de six cents corps, et qui s'étend encore en dehors des terrains occupés par le chemin de fer.

Le cimetière a été forcément détruit à l'emplacement de la tranchée; on en a conservé seulement quelques tombes et toutes les dalles avec dessins; mais on a laissé en place toutes les tombes qui se trouvaient en dehors, dans la zone de garantie, jusqu'à la limite des terrains acquis.

A de nombreuses reprises, les membres de la Société archéologique de Seine-et-Oise, de la Société d'anthropologie, des archéologues étrangers et de simples amateurs sont venus visiter le cimetière, ce qui a donné naissance à des comptes rendus et à des articles de journaux. Certains faits ont été inexactement rapportés ou mal présentés; d'autres sont restés ignorés. Il nous a donc paru utile de présenter un exposé aussi exact que possible de ces fouilles et de leur résultat.

Nous jetterons d'abord un coup d'œil rapide sur l'histoire ancienne d'Andrésy, d'après quelques notes dues à l'obligeance de son érudit instituteur, M. Morin

HISTOIRE SUCCINCTE D'ANDRÉSY

Andrésy, par suite de sa belle position près du confluent de la Seine et de l'Oise, a dû être habitée par les Gaulois, comme Conflans sa voisine, où l'on a retrouvé des sépultures gauloises en tranchée et en dolmen; il suffit d'ailleurs de se promener dans ses vignes pour ramasser des silex taillés.

Vers le milieu du premier siècle, c'était déjà une bourgade importante, et, sous l'influence de la civilisation romaine, la vaste forêt qui s'étendait du plateau de l'Hautil à la Seine fut défrichée et sans doute plantée de vignes.

Sous la domination romaine, la flotte considérable des Andériliens défendait le passage du confluent et rayonnait sur les deux rivières. Les marins de cette flotte appartenaient à une peuplade gauloise, les Gabals, et venaient du pays de Gévaudan qui avait pour centre principal *Anderitum;* pour cette raison ils s'appelaient Andériliens, d'où sont venus, pour le village qu'ils occupaient, les noms d'*Anderita,* puis d'*Andresiacum,* et, enfin, d'Andrésy.

La religion chrétienne y est apparue de bonne heure; car, vers l'an 250, saint Nicaise évangélisa les peuples de la vallée de la Seine, traversa l'Oise près de Conflans et fit des miracles et de nombreuses conversions à Andrésy, Triel, Vaux et Meulan.

Pendant les périodes mérovingienne et carlovingienne, son histoire n'est donnée que par un certain nombre de chartes.

La première émane de Childebert II (580); elle constate que l'Église de Paris possédait Andrésy et ses dépendances depuis l'an 500 et confirme cette donation en l'augmentant considérablement.

Une période suivante de trois siècles, qui nous intéresserait particulièrement, reste complètement dans l'obscurité parce que les archives de l'Église de Paris furent brûlées en 821; il est probable qu'elle n'a pas dû toujours jouir en paix de sa propriété; on sait seulement que cette dernière fut troublée en 780, car Charlemagne la lui confirma par une nouvelle charte.

En 821, l'évêque de Paris, Inchadus, fait don au chapitre de Paris d'Andrésy et de ses dépendances, à charge de dire des prières, d'y entretenir une école et d'en verser la dîme et tous les fruits à l'hôpital Saint-Christophe (qui était bâti à l'emplacement de Notre-Dame).

Peu après, de 841 à 898, en un grand nombre de reprises, eurent lieu les terribles invasions des Normands par la Seine, et l'établissement d'Andrésy fut certainement détruit ; l'histoire n'en fait pas mention. Nous retrouvons seulement des chartes de Charles le Chauve, Lothaire et Louis V, qui toujours garantissent au chapitre la propriété d'Andrésy et même l'exonèrent des droits du fisc.

C'est alors que les membres du chapitre prirent le titre de seigneurs d'Andrésy, dont les dépendances se composaient de Maurecourt, Jouy-le-Moutier, Courdimanche, une partie de l'Hautil et de Chanteloup ; ils avaient les droits de pêche, de chasse, de port et de passage sur la Seine, qui était barrée par une chaîne.

A cette époque (1190) Andrésy était devenu important et le roi y avait droit de gîte ; mais un autre impôt montre bien le caractère paisible de sa population. Dès le début de sa possession, l'Église de Paris s'était mise sous la protection du seigneur de Conflans et lui faisait payer par ses serfs une redevance en nature, principalement en vin : le chapitre ne s'affranchit de cette redevance qu'en 1213.

Nous passons sous silence les siècles suivants pour arriver à Andrésy de nos jours, qui compte environ 1000 habitants. Sa population est adonnée surtout à la culture de la vigne, qui recouvre les coteaux jusqu'au plateau de l'Hautil et produit un vin de pays assez renommé, ainsi qu'un bon chasselas. Son église, qui date du douzième siècle, est assez remarquable et possède de beaux vitraux dont l'un représente les Vendanges.

EMPLACEMENT DU CIMETIÈRE

Le cimetière ancien se trouve à 100 mètres du cimetière actuel, à flanc de coteau, entre les Piq^ts 179 et 180 de la ligne d'Argenteuil à Mantes et au lieu dit : « Les Barils », de la commune d'Andrésy. Le lieu dit voisin s'appelle « Le Cimetière », mais il peut devoir son nom au cimetière actuel ; cependant sur certains actes anciens on trouve « Les Cimetières ». Il paraît du reste qu'on a déjà trouvé des tombes en pierre, à côté du chemin d'Andrésy au Fay, près de la traversée du chemin de fer.

Le cimetière ancien occupe une surface d'un demi-hectare environ, teinté en rouge sur l'extrait du plan au 1/10 000e annexé à la présente note ; on a teinté en bleu une zone qui contient encore des tombes, mais qui n'a pas encore été fouillée.

L'observateur placé en ce point jouit d'une vue magnifique ; il voit à gauche Conflans, Herblay, Cormeilles, Saint-Leu, Argenteuil et le clocher de Maisons-Laffitte ; en face, Achères et la forêt de Saint-Germain, et, dans le lointain, Paris ; à droite, il enfile la Seine jusqu'à Poissy et aperçoit l'aqueduc de Marly et les tours du château de Saint-Germain.

NATURE ET DISPOSITION DES SARCOPHAGES

Un dessin annexé donne le plan exact des tombes avec leur nature, leur forme approximative et leur orientation; leur nombre total est de 492, se décomposant ainsi :

31 avec sarcophage en pierre;

402 avec sarcophage en plâtre:

59 creusées dans la terre.

Sur la moitié au moins de la superficie totale, à partir de la gauche du plan et de la limite d'emprise, les tombes ne se trouvaient qu'à 50 centimètres de profondeur, et, par suite, étaient fortement détériorées; vers le chemin de fer et à droite, la profondeur augmentait et atteignait 1^m,50.

SARCOPHAGES EN PIERRE

Les sarcophages en pierre sont de différents types, généralement creusés dans des pierres d'un seul morceau, mais souvent cassées par les mouvements du terrain. Quelques-uns, surtout pour des enfants, sont formés par des blocs mal équarris; d'autres, au contraire, sont bien taillés, à parois peu épaisses, avec des arrondis à la tête; l'un de ceux-ci, tombe n° 2, a même un petit oreiller en pierre.

Nous avons reproduit (pl. I) quelques-unes de ces tombes: la plus soignée est celle qui figure sous le n° 21.

Les dalles formant couvercles n'existent pas toujours, elles sont le plus souvent en deux ou trois morceaux; quelquefois la dalle de tête est munie d'un prolongement en pierre servant à la manier plus facilement. Elles ne présentent de dessins que dans un seul cas, au n° 1, où la dalle de pied est très curieuse; l'artiste y a représenté d'une manière très informe des animaux, une tête d'homme assez expressive et une femme encore plus rudimentaire (pl. II).

La pierre est généralement en mauvais état, elle provient d'Andrésy même, où de très vieilles carrières, la plupart abandonnées et bouchées, existent dans le coteau et en particulier de part et d'autre du cimetière; mais ces dernières ne sont pas anciennes. La pierre d'Andrésy appartient au terrain tertiaire, étage du calcaire grossier moyen du bassin de Paris. Elle comprend un banc royal homogène et très fin analogue à celui si renommé de Conflans, mais qui n'a que 25 à 30 centimètres d'épaisseur, un banc de vergelé, plusieurs coquilliers, et divers bancs gris tendre. Tous, en dehors du banc royal, sont gélifs. C'est ce qui explique le mauvais état des sarcophages, ceux qui étaient intacts au moment de la découverte commencent à se désagréger. Le banc royal n'a pas été employé, même dans les petits sarcophages d'enfants, pour lesquels il aurait eu assez d'épaisseur.

SARCOPHAGES EN PLATRE

Ceux-ci sont en grande majorité, et ce n'est pas étonnant, car nous sommes dans la région du plâtre; il existe actuellement des plâtrières depuis Andrésy jusqu'à Triel, et, de temps immémorial, on y a exploité à ciel ouvert, dans les désinences de masse descendues jusqu'à fleur de terre. Le plâtre des sarcophages provient de ces exploitations primitives; son grain est très gros, car autrefois il était battu et non moulu. Il a été coulé sur place, au moins pour une partie des tombes, car elles reposent sur un terrain calcaire marneux assez dur, et nous avons vu, dans plusieurs cas, des gros cailloux du terrain naturel, liés dans le plâtre du fond du sarcophage, émerger de ce fond; c'est-à-dire qu'on avait englobé les aspérités du terrain mal réglé en coulant le plâtre.

Les sarcophages sont tous de forme trapézoïdale et à peu près de mêmes dimensions, sauf quelques petits pour enfants. Les parois sont verticales ou avec un léger fruit; nous donnons du reste ci-dessous les dimensions intérieures exactes de quelques sarcophages. La profondeur qui y figure est inférieure à ce qu'elle était à l'origine, car les bords sont toujours rongés. Quant à l'épaisseur des parois, elle varie de 6 à 10 centimètres.

DIMENSIONS A LA PARTIE SUPÉRIEURE DU SARCOPHAGE			DIMENSIONS AU FOND DU SARCOPHAGE			PROFONDEUR	
LONGUEUR	LARGEUR à la tête	LARGEUR au pied	LONGUEUR	LARGEUR à la tête	LARGEUR au pied	à la tête	au pied
1.97	0.67	0.31	1.96	0.65	0.30	0.38	0.27
1.93	0.50	0.28	1.91	0.49	0.28	0.34	0.30
1.92	0.58	0.30	1.89	0.54	0.30	0.41	0.31
1.91	0.56	0.29	1.91	0.56	0.29	0.38	0.28
1.91	0.55	0.27	1.90	0.54	0.27	0.40	0.33
1.89	0.55	0.30	1.83	0.53	0.27	0.44	0.36
1.88	0.57	0.27	1.83	0.57	0.26	0.44	0.28
1.88	0.53	0.33	1.85	0.52	0.32	0.31	0.28
1.87	0.59	0.30	1.80	0.57	0.26	0.43	0.26
1.86	0.54	0.30	1.83	0.52	0.27	0.38	0.29

Quelques sarcophages sont arrondis à la tête ou portent des oreillers en plâtre; d'autres ont aux angles, comme pour les consolider, des pierres naturelles ou en plâtre. Tous sont unis, sauf quatre exceptions : les nᵒˢ 14 et 28 portent au pied des dessins en saillie, sortes de rosaces et de croix, et les n°s 19 et 20 ont tout autour des dessins formés par rectangles et rappellent les beaux sarcophages en plâtre du musée Carnavalet.

Les dalles formant couvercles étaient aussi généralement en plâtre, car nous en retrouvons beaucoup de fragments dans la partie droite du cimetière, où les cercueils étaient beaucoup mieux conservés, soit parce qu'ils étaient plus récents, soit plutôt parce qu'ils étaient enterrés à une plus grande profondeur. Dans cette partie que nous appelons plus loin le deuxième cimetière, ils étaient du reste mieux moulés et plus soignés. Dans la partie gauche, où la profondeur ne dépassait guère 50 centimètres, il n'en restait aucun vestige; elles ont dû être désagrégées par le temps ou enlevées dans les travaux de culture. Du reste les côtés latéraux et le fond des tombes étaient eux-mêmes rongés et en très mauvais état, ce qu'on doit attribuer plutôt au peu de profondeur qu'à l'ancienneté.

Sur un certain nombre de tombes éparses, et particulièrement dans un petit noyau, entre les n°s 5 et 6, les dalles étaient en pierre et avec dessins. Tout cela avait dû être bouleversé, car on ne trouvait souvent qu'une petite dalle, quelquefois deux ou trois. Ces tombes n'ont du reste donné aucun objet.

Les dessins des dalles en pierre représentent généralement des croix et des rosaces (pl. II et III).

Sur l'une d'elles (pl. VI), deux colombes tiennent une croix avec leur bec. La colombe est un des emblèmes qui se présentent le plus fréquemment sur les mosaïques chrétiennes de Rome et sur les sarcophages chrétiens du midi de la France; elle se retrouve sans cesse dans les textes de l'Église comme symbole de pureté, d'innocence. Dans certains sarcophages du Midi (d'après de Boissieu), la croix de notre dessin est remplacée par une couronne de laurier qui encadre le monogramme du Christ.

Sur une autre dalle (fig. 2, pl. II), un cerf est figuré. Le cerf est aussi un animal symbolique sur un sarcophage du Midi (d'après Millin), deux cerfs se désaltérant à une source au pied d'un agneau forment l'emblème du baptême.

Sur la dalle (fig. 2, pl. III) la croix est surmontée de la lettre Ω, on sait que l'alpha et l'oméga sont le symbole de l'éternité du Christ : *Ego sum A et Ω, primus et novissimus, principium et finis* (*Apocalypse* de saint Jean).

Une autre dalle (fig. 4, pl. II) donne une inscription à peu près illisible. Cependant quelques dalles sont marquées de l'Ascia, entaille triangulaire ou rectangulaire en forme de hachette (fig. 3 et 4, pl. III), signe de consécration païen fort rare dans la région de Paris (d'après la notice du musée Carnavalet). Quelques archéologues pensent qu'une hachette en pierre ou en bronze a pu être placée dans cette entaille, mais c'est peu probable, car on ne retrouve jamais la hachette, et dans l'un des cas l'entaille se trouve sous la dalle; on ne peut pas objecter qu'elle a été déplacée et retournée, car elle porte un dessin sur la face supérieure.

Nous avons trouvé dans bon nombre de sarcophages, jusqu'à 1 mètre de profondeur, des morceaux de charbon de bois; nous pensions d'abord qu'il s'agissait du charbon trouvé par l'abbé Cochet, dans des tombes en terre. Le savant archéologue croyait qu'on avait semé du charbon autour des morts pour les conserver; mais il en fit analyser par un chimiste, M. Girardin, qui lui répondit que c'était une espèce de lignite ou bois fossile, reste des cercueils en bois. Cette opinion paraît hasardée, car seuls les terrains secondaires et tertiaires donnent des lignites jusqu'à un certain point comparables à du charbon, et d'un autre côté les bois conservés dans nos armes mérovingiennes n'en ont nullement l'aspect. Dans le cimetière d'Andrésy, nous ne sommes pas d'ailleurs dans ce cas; il est peu présumable qu'on ait mis des cercueils en bois dans d'autres en plâtre, et on n'y retrouve pas de clous, sauf cinq ou six en totalité, dont deux dans un cercueil en pierre. La première hypothèse de l'abbé Cochet est donc plus vraisemblable pour Andrésy, d'autant plus que les tombes étaient presque collées entre elles. Il fallait les découvrir au fur et à mesure qu'on en plaçait de nouvelles, ou les laisser toutes découvertes jusqu'à ce qu'un groupe fût complet. Les miasmes devaient alors s'échapper par les interstices des dalles mal jointes.

Cependant cette opinion n'est émise qu'avec la plus grande réserve, car on trouve à la surface des champs du charbon de bois, qui provient probablement des cendres que les cultivateurs ont l'habitude de jeter sur le fumier, et, cette coutume devant être très ancienne, on peut supposer que quelques morceaux de charbon ont pu descendre dans les tombes, par suite des travaux de culture. Enfin, on peut également supposer, avec plus de vraisemblance peut-être, qu'on brûlait des parfums sur des charbons ardents, pendant l'inhumation.

TOMBES EN TERRE

De celles-ci il y a peu à dire; elles ont toutes à peu près les mêmes dimensions, 1^m,90 de longueur sur 60 centimètres de largeur, avec profondeur variable. Elles n'ont jamais dû renfermer de cercueils en bois, car on n'y trouve ni clous ni résidus de bois.

ORIENTATION

Ainsi que le montre le plan du cimetière, les tombes étaient disséminées par groupes, semblant correspondre dans certains cas à des familles. Elles étaient placées côte à côte, à quelques centimètres de distance, en arc de cercle.

Au point de vue de l'orientation, il y a deux cimetières. Dans le premier, tous les sarcophages sont à peu près orientés de l'ouest à l'est, comme c'était autrefois l'usage général; dans le second, ils ont également à peu près la tête au nord et les pieds au sud. Cette deuxième disposition a déjà été constatée par l'abbé Cochet à Dieppe, Etretat, Sainte-Marguerite-sur-Mer et Saint-Aubin-sur-Oise. Il l'attribue à une tribu saxonne ou germanique, qui a paru autrefois sur les côtes de la Manche. Il est possible qu'une partie de cette tribu ait remonté jusqu'à Andrésy, où elle aurait remplacé une autre tribu, ou coexisté en même temps.

Dans un article de la revue *la Nature*, du 8 novembre 1890, M. Don Simoni considère comme romaine la partie orientée au sud, et croit voir une succession de cimetières d'âges très différents.

C'est une erreur, car nous avons trouvé dans ce deuxième cimetière le mobilier funéraire qui correspond aux septième et huitième siècles, c'est-à-dire scramasaxes, grosses boucles de ceinturon en fer, grosses perles d'ambre ou de pâte de verre, pas d'armes ni de petites boucles. Ce qui montre encore que ce deuxième cimetière peut même être plus récent que le premier, c'est que la tombe n° 11, qui appartient à son système d'orientation, est placée au-dessus de la tombe n° 10 du premier cimetière.

INHUMATIONS
SÉPULTURES MULTIPLES, SUPERPOSÉES

Lorsqu'on trouve un sarcophage, on le voit d'abord rempli de terre; les dalles en plâtre n'ont pas résisté à la pression du terrain, et, même avec les dalles en pierre, la terre a presque toujours pénétré dans la tombe. Cette terre enlevée, on arrive aux ossements et au mobilier funéraire, et l'on reconnaît, comme toujours, deux sortes de violation de sépulture. Dans l'une, on a enlevé, soit pendant les inhumations, soit à des époques plus récentes, les armes et objets de valeur.

Ce fait ne résulte pas seulement de ce que dans la majorité des tombes on n'a absolument rien trouvé ou peu de chose, car le christianisme a considérablement réduit le mobilier funéraire, mais de ce que, avec les ossements épars, on n'a souvent rencontré que des fragments de pots ou d'objets. Il semble qu'on a dû souvent casser les objets pour reconnaître leur valeur, et jeter de côté ceux qui n'en avaient pas. Cette violation est d'ailleurs prévue par la loi salique et les capitulaires de Charlemagne. La seconde provient de ce que le même sarcophage a servi plusieurs fois de sépulture, malgré la loi salique et les capitulaires, qui défendaient expressément de remuer les os des défunts et de placer un mort sur un autre mort. Dans quelques cas la violation est bien caractérisée; à la partie supérieure du sarcophage ou sur sa dalle, existent des ossements épars. En continuant à fouiller, on retrouve quand même un squelette plus ou moins intact; on a dû enlever le premier corps pour en mettre un autre à sa place, et cette opération a pu se répéter plusieurs fois, car on retrouve quelquefois dans le sarcophage, deux, trois et même quatre crânes. Nous avons au moins cinquante tombes dans ces conditions. Un autre cas exceptionnel s'est présenté : au-dessus de la tombe n° 26 se trouvaient six crânes.

Nous avons aussi rencontré plusieurs fois un autre genre de sépultures multiples; deux corps ont été inhumés ensemble, ainsi que le montrent les ossements bien conservés placés côte à côte ou entrelacés. Dans l'un de ces cas on a reconnu une femme avec un enfant d'un certain âge; dans un autre, deux femmes, dont l'une assez jeune.

Enfin, le plan montre un certain nombre de tombes superposées, entre autres le petit cercueil en pierre n° 7 placé dans un sarcophage en plâtre, qui lui-même contenait encore des ossements.

Ainsi que nous l'avons dit précédemment, on a rencontré plusieurs fois, comme dans tous les cimetières mérovingiens, un squelette avec plusieurs crânes généralement placés au pied, sans ossements correspondants, ce qui fait penser tout de suite à des têtes de décapités. Est-ce bien toujours le résultat d'inhumations successives, qui se comprennent bien une fois ou deux, mais plus difficilement trois et quatre fois ? A ce sujet, on peut émettre une simple hypothèse.

L'histoire nous rapporte que les Gaulois gardaient dans des coffres les têtes des ennemis qu'ils avaient tués, pour les montrer aux étrangers et s'en faire gloire. Plus tard, chez les Francs, la loi salique mentionnait comme le plus grand outrage qu'on pût faire à un homme de leur nation, l'enlèvement des têtes d'ennemis qu'il plantait sur des pieux, à l'entrée de sa demeure (*Histoire de France* de Dareste).

Cette coutume a dû se prolonger assez longtemps, comme bien d'autres contre lesquelles le christianisme a lutté pendant des siècles; mais que devenaient ces têtes, auxquelles tenaient leurs possesseurs ?

On peut très bien admettre qu'on les ait enterrées avec eux. C'est d'ailleurs une simple supposition qui ne repose sur aucun fait.

Les ossements ont été recueillis avec soin; les mieux conservés ont été remis à la Société d'anthropologie, qui n'a pas encore terminé son étude; les autres ont été enterrés à nouveau.

MOBILIER FUNÉRAIRE

Ainsi que nous l'avons précédemment expliqué, les tombes ont été violées à différentes époques et pour diverses raisons; d'un autre côté, les idées chrétiennes ont toujours tendu à supprimer l'inhumation habillée, et à réduire le mobilier funéraire à sa plus simple expression.

Il en résulte que dans le plus grand nombre de cas, même lorsqu'il n'y avait pas trace de violation, on n'a trouvé absolument rien ou qu'un seul objet. Dans ces conditions, il serait fastidieux de dresser un inventaire, tombe par tombe ; nous indiquerons seulement, avec des numéros correspondant sur les plans, celles qui contenaient des objets groupés ou caractéristiques de l'époque.

En général les objets en bronze, quoique très oxydés et cassants, étaient en assez bon état. Les objets en fer étaient très attaqués par la rouille et d'une friabilité excessive les premiers jours ; certains n'avaient laissé que des traces sur le plâtre.

Tombe n° 1 en pierre. — Fragments d'une grande épée en fer, petit couteau avec les traces d'un fourreau entier, une monnaie en bronze de Constantin IV (654-685) et quelques petites monnaies en argent, un fragment de cuir, gaufré probablement, ayant absolument l'apparence d'écorce d'arbre (recueilli sur la poitrine), puis, représentés avec le n° 1 de la tombe sur la planche VIII, un fragment d'étoffe et une petite plaque de bronze ornée de filigranes en argent en forme de 8.

Les monnaies ont été soumises à l'examen de M. Édouard Fourdrignier ; nous extrayons ce qui suit d'une note qu'il a bien voulu nous communiquer.

Ces monnaies, dont trois seulement sont relativement bien conservées et lisibles, sont en argent d'un titre assez élevé, indiqué par la conservation sans oxydation et par la friabilité.

La plus lisible, de la dimension d'un de nos centimes actuels, pèse 32 grains. Son droit porte une tête couronnée imberbe, tournée à droite, émergeant du paludamentum dont sur la gauche on voit vaguement la fibule reproduite. Le cou est extrêmement grêle ; l'œil, simplement constitué par un point et un rond, est figuré comme s'il était vu de face. Le nez, les lèvres, ainsi que les cheveux et quelques parties du vêtement ont été obtenus par le même procédé, la même inhabileté. Cependant cette figure rappelle, par son ensemble, le type des monnaies du bas-empire.

La légende assez douteuse se lit :

\MS....... AVSMVL

Nous proposons la lecture :

D(ominus) N(oster) IVS(tinia) NVS MVL (tus). On sait que ce titre de *multus* apparaît seulement sur les monnaies à partir de Justinien II (682-711) ; ce titre fut plus tard remplacé par *per annos multos*, que l'on retrouve sur les monnaies à l'empereur Léon III. D'après ce titre de *multus*, nous pensons que cette imitation ne peut être reportée qu'à une monnaie de Justinien II.

Le revers nous montre, comme dans un cadre, une femme indiquée très sommairement par quelques traits. Elle paraît assise, sa tête est figurée par un rond et un point ; en somme, c'est une Victoire ailée tenant une couronne, que l'on a cherché à imiter d'après les modèles connus.

La légende qui l'entoure présente une particularité assez curieuse, on lit en effet :

OIVICTORIA AVG

et à l'exergue NOB ; or, si l'on se souvient du mot CONOB si souvent remarqué sur les monnaies du Bas-Empire, on comprend que le graveur peu lettré, n'ayant pas ménagé suffisamment la place de ses lettres, a voulu reproduire ce mot, dont il a jeté l'O et le C, l'I étant un C mal fait, en avant de *Victoria Augusti*.

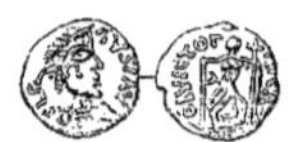

La deuxième monnaie, toujours du même modèle, pesant 29 grains, d'un dessin encore plus grossier que le précédent, offre sur son droit une tête presque identique. Quant à la légende, on n'y reconnaît que quelques lettres à peine indiquées ; le revers laisse seulement deviner VICTORIA AVG ; au lieu d'avoir une Victoire comme sur la première, elle a deux

personnages indiqués sommairement par quelques lignes. A droite se trouve une déesse assise, peut-être une Victoire, auprès de laquelle, à gauche, se tient un autre sujet plus petit, également assis et drapé de la même manière.

La troisième monnaie, du poids de 27 grains, porte à son droit une tête tournée à droite, supportant une mitre qui rappelle la coiffure figurée sur les monnaies d'Anastase II et de Théodore III.

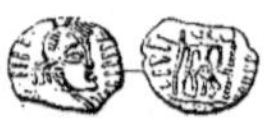

Le revers montre la copie informe d'une Victoire. Il n'y a plus de légende, mais seulement quelques points allongés la simulant sans doute.

De ce qui précède on voit que ces monnaies n'étaient que de mauvaises imitations de types beaucoup plus parfaits et ayant cours. En admettant qu'elles eussent été fabriquées pendant les règnes précités, ces monnaies auraient donc leurs dates comprises entre le règne de Justinien II (682) et celui de Léon III (717-741). On est ainsi amené à conclure que la sépulture dans laquelle elles ont été recueillies (sarcophage n° 1 avec dessins sur la dalle de pied) ne peut leur être antérieure et qu'elle remonte alors au commencement du huitième siècle. Le défunt était donc contemporain de Pepin d'Héristal et de Charles-Martel.

Tombe n° 2 en pierre. — Un petit anneau en bronze de 3 centimètres de diamètre avec les extrémités entrelacées sur l'anneau même (fig. 2, pl. VIII). Une épingle en bronze dite styliforme de 13 centimètres de longueur, avec une extrémité aplatie, trouvée près du cou. Cette forme d'épingle est très connue, mais les archéologues ne sont pas d'accord sur la destination; on en a fait un stylet à écrire, une épingle à cheveux et finalement (M. Pilloy) une attache de fichu.

Tombe n° 3 en pierre. — Un collier de petites perles de verre et d'ambre (fig. 3, pl. VIII).

Tombe n° 4 en terre. — Une hache en fer ou francisque, forme dite de Childéric (fig. 3, pl. IV), une amulette en cuir ou corne (fig. 4, pl. VIII) et un médaillon, broche ou ornement de fourreau, ovale et mesurant 4 centimètres sur 3 centimètres (fig. 4, pl. VIII et fig. 6, pl. V).
M. Dutilleux, qui a examiné ce bijou, le considère comme d'un grand intérêt; d'après lui, sa facture et son ornementation présentent la plus grande analogie avec quelques-uns des objets rencontrés dans le tombeau de Childéric à Tournay et que possède actuellement la Bibliothèque nationale; c'est également le genre de décoration des aigles d'or du musée de Cluny, du reliquaire de Saint-Maurice d'Agaune, de la poignée de Pouhan (musée de Troyes). On y voit d'abord une partie extérieure en mauvais état constituée par un bandeau méplat en bronze recouvert par un empâtement de rouille; le reste du bijou est formé par treize morceaux de verre cloisonnés très minces, reposant sur un paillon quadrillé, métallique ou de soie, qui en rehausse beaucoup la couleur rouge-rubis; deux autres morceaux sont formés par une pâte blanche et une pâte verte.

Tombe n° 5 en pierre. — A gauche du corps, un grand couteau en fer dit scramasaxe de 45 centimètres de longueur, 4 centimètres de largeur, avec un seul tranchant; la poignée porte les traces d'une garde en bois. (La planche II représente quatre scramasaxes.)

Tombe n° 6 en platre. — Un scramasaxe en très mauvais état.

Tombe n° 8 en terre sous une autre tombe. — Un grand pot avec anse en terre grise, deux perles en verre, fragments de fer, une cuillère à parfums en bronze (fig. 8, pl. VIII).

Tombe n° 9 en terre. — Une francisque (pl. VII), un anneau en bronze, un pot et un petit couteau, un peigne en os (fig. 9, pl. VIII), un autre objet en fer de forme indéterminée, tous trois collés ensemble.

Tombe n° 10 en terre sous une autre tombe. — Un fer de lance (fig. 1, pl. IV) à gauche de la tête et un petit couteau à droite du corps.

Tombe nº 15 en platre. — Un pot en terre et deux monnaies en bronze de Constantin (ce sont les seules trouvées avec celles de la tombe nº 1 et une autre en fer complètement illisible).

Tombe nº 16 en platre. — Un pot, un scramasaxe et une forte boucle de ceinturon en fer, une autre petite boucle en bronze.

Tombe nº 17 en pierre. — Un vase en verre vert (pl. VIII et fig. 1, pl. V).

Tombe nº 21 en pierre. — Un vase en verre vert (fig. 2, pl. V), deux fibules en bronze (fig. 21, pl. VIII) avec reste d'étoffe, deux épingles en bronze avec tête en or ou dorée, trouvées près du cou, dont une fichée à un morceau de cuir identique à celui de la tombe nº 1 (fig. 9, pl. V), enfin des morceaux de cuir disséminés entre la tête et la ceinture avec des petits boutons (fig. 21, pl. VIII), formés d'un clou en bronze entouré d'une couronne en argent dentelé retenue par une petite rondelle en bronze.

Tombe nº 22 en platre. — Un scramasaxe de 50 centimètres de longueur, 6 centimètres de largeur (fig. 2, pl. IV), avec un petit couteau collé par la rouille et une boucle de ceinturon en fer avec boutons en bronze argenté. Le long du sabre étaient disséminés dans une matière noire paraissant être du bois, ou peut-être du cuir, et de l'étoffe en décomposition, des boutons en bronze (fig. 22, pl. VIII) et de très petits clous en bronze placés côte à côte. Près de la poignée se trouvait en outre un ornement en bronze (fig. 8, pl. V), formé d'un cylindre creux, ouvert, renfermant la même matière noire, et de deux viroles avec boutons représentant des têtes. On peut admettre que le tout formait une ornementation du fourreau du scramasaxe. Toutefois ce petit cylindre a la plus grande analogie avec ceux qui ont déjà été trouvés dans d'autres cimetières. D'après plusieurs archéologues qui se basent surtout sur le costume des légionnaires romains, figuré sur diverses pierres tombales, ce cylindre, assujetti généralement à une plaque de bronze étroite, était fixé au ceinturon, et des lanières de cuir terminées par des olives ou des disques en métal y étaient attachées de façon à protéger l'abdomen du soldat. On peut également admettre cette hypothèse pour la tombe nº 22, les lanières de cuir étaient alors terminées par des boutons représentés sur la planche VIII. Toute la garniture aurait été déposée sur le scramasaxe au moment de l'ensevelissement. Il faut d'ailleurs remarquer que cet accessoire du costume guerrier romain pouvait être disposé tout différemment chez les Mérovingiens, car il ne cadre guère avec la grosse boucle de ceinturon en fer.

Tombe nº 23 en platre. — Un collier de grosses perles d'ambre ou de pâte colorée, l'une lenticulaire, une autre cubique, deux fibules, identiques à celles de la tombe nº 21, et une autre gauloise (fig. 23, pl. VIII) de forme très connue; elle figure notamment dans la double sépulture gauloise de la gorge Meillet étudiée par M. Fourdrignier.

Tombe nº 24 en platre. — Un pot, une francisque (fig. 4, pl. IV), un petit couteau et une boucle d'oreille avec cabochons (fig. 5, pl. V) très endommagée, qui était formée de six lames d'or carrées portant au centre une pierre verte enchâssée, et aux quatre angles de très petites pierres également enchâssées; les six faces étaient réunies par des petits carreaux de verre blanc triangulaires.

TOMBE N° 25 EN PLATRE. — Un scramasaxe avec un couteau collé par la rouille et des petits ornements en bronze près de la garde; ces ornements creux portaient enchâssés de petits carreaux de verre blanc et paraissaient former le dessin représenté figure 7, planche V.

Pour compléter les renseignements qui précèdent, nous indiquerons que les scramasaxes, au nombre de six, se trouvaient à gauche du corps, sauf celui de la tombe n° 25 qui était à droite; tous portent des traces de bois à la garde, et l'un d'eux vers la pointe, des deux côtés de la lame, comme s'il y avait eu un fourreau complet en bois.

Les boucles de ceinturon en fer de différentes dimensions, représentées en partie sur la planche VII, sont en général incomplètes; on y voit des boutons en bronze, quelquefois argentés, des lames étroites d'argent perdues dans la rouille, restes de dessins, et des traces de l'étoffe des vêtements. M. Pilloy pense que ces traces proviennent plutôt d'un linceul, mais comme ces traces se remarquent toujours sur la partie vue des boucles, côté des boutons, et jamais dessous, on peut supposer qu'elles proviennent du manteau. Les scramasaxes n'ont jamais présenté de traces d'étoffe, ils étaient du reste posés à plat contre une paroi du sarcophage. Dans un cas, on avait également déposé la boucle en fer sur le scramasaxe, elle y était restée collée par la rouille.

Les petits couteaux en fer, qu'on trouve dans la plupart des cimetières en très grande quantité, ne figurent ici que pour une douzaine environ; ils possédaient tous des manches en bois dont il reste quelques fragments; quelques spécimens sont représentés sur la planche IV (fig. 5, 6, 7, 8).

En dehors des objets qui viennent d'être cités, il nous reste à parler des **boucles en bronze**, de la poterie, de la verrerie et de quelques objets.

Boucles en bronze. — Les boucles en bronze de ceinturon sont représentées sur la planche IX; elles viennent toutes du premier cimetière. Le deuxième n'a donné qu'une petite boucle en potain. On y voit aussi quelques plaques ou contre-plaques en bronze étamé, recouvertes de dessins burinés; elles n'étaient pas munies de leurs boucles et ardillons.

Poterie. — Elle se compose, en comptant ceux dont il ne reste que des fragments, de cinquante à soixante pots, représentés en grande partie sur la planche VII. Ils sont blancs, noirs, ou rouges avec des nuances intermédiaires. La terre des pots blancs ou noirs est assez fine; quelques-uns portent des stries en creux, faites à la roulette; ornementation bien connue des pots mérovingiens. Une dizaine ont des anses; l'un d'eux, d'assez grandes dimensions par rapport aux autres, a 18 centimètres de hauteur et sa panse 14 centimètres de diamètre. Tous étaient remplis de terre et ne contenaient rien autre chose, sauf une sorte de végétation au fond; beaucoup portent des traces de feu.

Ces pots étaient presque tous isolés et placés au pied de la tombe; dans un seul cas il y en avait deux, l'un au pied, l'autre au milieu du corps; dans un autre cas, le pot était près de la tête, et, dans deux ou trois autres, au milieu du corps, entre les jambes et incliné.

Verrerie. — En dehors des deux vases déjà cités, un troisième avec filets en pâte blanche (fig. 3, pl. V) a été trouvé par les terrassiers pendant l'élargissement de la tranchée; il provenait probablement d'une tombe en terre passée inaperçue. Un pied de verre (fig. 4, pl. V) provient d'une tombe en plâtre, et enfin, dans quelques autres, on a trouvé des petits fragments de verre ressemblant au verre à vitres.

Objets divers. — D'abord une boucle d'oreille, figurée sur la planche VIII, et figure 10, planche V, trouvée à côté d'une tombe et provenant probablement d'une violation de sépulture; elle est formée de carreaux de verre rouge enchâssés dans du bronze argenté et reposant sur un paillon métallique ou de soie qui en augmente l'éclat; c'est une verroterie analogue à celle du médaillon de la tombe n° 4. Cette boucle d'oreille est identique à celles qui existent au musée de Cluny, sous la provenance de Caraman.

Nous citerons en outre un fragment de fer à cheval figuré sur la planche VII, quelques pattes-fiches en fer et quelques silex.

APERÇU SUR LES CIMETIÈRES ANCIENS

DATE DU CIMETIÈRE D'ANDRÉSY

Afin d'établir nettement l'époque approximative du cimetière d'Andrésy, nous allons passer en revue, en nous inspirant des beaux travaux de M. Pilloy, la façon d'inhumer des divers peuples connus qui se sont succédé dans le nord de la Gaule.

Les sépultures gauloises trouvées en assez grande quantité dans le Soissonnais et la Champagne sont toujours à inhumation par groupes de dix environ, orientées de l'ouest à l'est. Les hommes sont armés de l'épée et du poignard, les femmes sont ornées de torques, fibules, bracelets et boucles d'oreilles généralement en bronze; on retrouve dans les tombes des chefs leurs chars de guerre. Les vases des sépultures sont en terre cuite, facilement rayée par l'ongle, à formes ventrues ou doublement coniques, souvent décorés sur la panse de sillons obtenus à la pointe.

La conquête romaine changea complètement cette façon de procéder. Pendant les premier et deuxième siècles et une partie du troisième, les Gallo-Romains brûlaient leurs morts et recueillaient les cendres dans des urnes qu'ils plaçaient, entourées de pierres, dans des excavations.

On trouve souvent, avec ces ossements, de menus objets en bronze et des oboles à Caron; souvent aussi on rencontre à côté des vases de terre renfermant des victuailles. La céramique de cette période est très belle.

Dans le courant du troisième siècle, un changement complet se présente encore. La Gaule est ruinée complètement et dépeuplée par les invasions des Barbares, la révolte des Bagaudes et les exactions de ses gouverneurs, si bien que les historiens n'ont pu mieux comparer sa situation qu'à celle des provinces turques écrasées par leurs pachas. L'anarchie est générale, et les persécutions contre les chrétiens atteignent leur maximum. Mais tout en repoussant les Barbares, chaque empereur romain en enrôlait à titre d'auxiliaires, leur accordait des terres et les cantonnait, non seulement dans le nord, mais dans l'ouest et le midi de la Gaule. Il fallait bien remplacer les bras manquants, et c'est ainsi que les Francs Saliens furent établis par Maximien entre Trèves et Tournai. On vit alors ce résultat curieux, les barbares Teutons, Bataves, Suèves, Sarmates, Francs et autres, toujours battus et repoussés par les troupes romaines, peupler malgré cela la Gaule, qu'ils avaient dévastée. Ce fut une population nouvelle, infiltrée d'un fort élément germanique, qui, au quatrième siècle, sous les règnes relativement tranquilles de Constantin et de ses fils, releva la Gaule de ses ruines.

Les cimetières montrent bien cette transformation radicale de la population. Au quatrième siècle, l'incinération disparaît pour être remplacée à nouveau par l'inhumation; les morts sont enterrés dans des coffres rectangulaires en bois et quelquefois dans des cercueils en pierre; ils sont revêtus de leurs habits, armes, outils et bijoux; comme précédemment, ils sont munis de l'obole à Caron, qui alors date du quatrième siècle ou du commencement du cinquième. On continue aussi à leur servir un repas complet, viandes, légumes et dessert, renfermé dans des vases en bronze, verre ou terre. La céramique à cette époque est imitée de celle des deuxième et troisième siècles, mais laisse beaucoup à désirer; en revanche, la verrerie a fait des progrès extraordinaires.

Au cinquième siècle, la Gaule retombe dans l'anarchie. En 406 a lieu la grande invasion des Suèves, Alains et Vandales; en 452, celle des Huns avec Attila qui entraîne tous les peuples germains; la Gaule, complètement ravagée, devient la proie des Barbares. En 480, trois peuples principaux restent en présence, les Goths, les Bourguignons et les Francs Saliens, et sont à peu près indépendants de l'empire romain. Les Francs Saliens jusque-là avaient été contenus dans le Nord et n'avaient pu guère dépasser la Somme. Mais, en 481, leur chef Clovis, qui venait de succéder à Childéric, commence la conquête de presque toute la Gaule, en débutant par la partie comprise entre la Somme et la Loire.

Ce n'est donc qu'à la fin du cinquième siècle qu'on peut faire remonter l'établissement des Francs dans notre région. C'est un peuple nouveau qui surgit avec ses coutumes et ses mœurs propres, et qui absorbe complètement le peu de Gallo-Romains qui pouvaient rester, car, les cimetières le montrent bien, il ne reste plus au début aucune trace de la civilisation romaine.

Dans les cimetières francs de l'invasion, les guerriers sont ensevelis encore avec leurs armes, francisque, framée ou lance, poignard droit, épée pour les chefs, qui remplacent les armes légères et élégantes des auxiliaires romains; les boucles de ceinturon sont très simples et fixées sur le ceinturon avec des petites goupilles triangulaires. La parure des femmes diffère

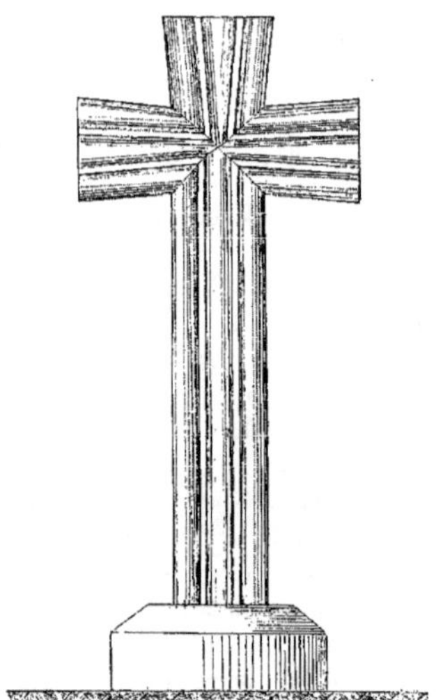

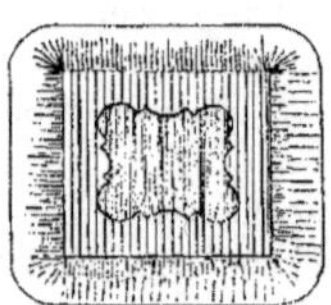

Croix ancienne du cimetière actuel d'Andrésy (échelle de 0m,05 par mètre).

aussi des précédentes; c'est la bijouterie cloisonnée qui domine. On trouve en outre des épingles de bronze ou d'argent et des colliers de perles en verre ou en pâte colorée, globuleuses ou allongées. Les tombes en pierre, en plâtre ou simplement en terre, avec ou sans cercueils de bois, sont presque toujours orientées de l'ouest à l'est, pour les païens comme pour les chrétiens.

Aux septième et huitième siècles, la mode change; les armes disparaissent et sont remplacées par le scramasaxe qui toutefois était déjà usité, puisque, d'après Grégoire de Tours, l'évêque Prétextat de Rouen fut assassiné avec une arme de ce genre. L'épée des chefs disparaît aussi; seul le petit couteau persiste. Les petites boucles de ceinturon sont remplacées, pour les hommes, par des boucles en fer dont quelques-unes sont énormes, munies de boutons de bronze et recouvertes par des lames d'argent étroites formant des dessins; pour les femmes, par des plaques en bronze étamé recouvertes de dessins gravés. Les bijoux changent aussi sous l'influence des populations gallo-romaines du Centre et de l'Ouest, qui, chassées du Nord, y reviennent peu à peu. On voit en effet le filigrane romain et le cabochon d'abord s'allier à la verroterie cloisonnée pour finir par la remplacer complètement.

Ainsi, le cinquième siècle d'une part, les septième et huitième siècles de l'autre, forment deux époques bien distinctes pour le mobilier funéraire; le sixième siècle donne une époque de transition.

D'après tout ce qui précède, le cimetière d'Andrésy paraît appartenir par son mobilier funéraire à ces deux dernières époques. Ce n'est pas un cimetière guerrier, car, tandis que dans beaucoup d'autres on trouve un grand nombre de lances et de francisques, on ne voit chez lui que trois francisques et une lance. Si d'un autre côté on consulte l'histoire, on voit qu'une petite tribu franque déjà paisible a dû s'établir à Andrésy vers l'an 500, sous la dépendance de l'Église de Paris; elle y place d'abord ses premiers morts dans de simples fosses en terre; mais bientôt le pays ravagé pendant le cinquième siècle renaît de ses cendres. Grâce à la culture de la vigne et à l'exploitation des carrières, une richesse relative revient et presque tous, chefs ou simples serfs, peuvent se payer le luxe d'un sarcophage en pierre ou en plâtre. En même temps le christianisme, qui déjà avait fait son apparition au troisième siècle, revient en faveur, ainsi que le montrent les dessins des pierres tombales. Il est évident, du reste, que les sujets de l'Église de Paris devaient être chrétiens.

La seconde limite de durée du cimetière pourrait être le milieu du neuvième siècle, lorsque les Normands remontent la Seine, brûlent Rouen et Meulan, pillent Paris et vont jusque dans l'Oise s'emparer de Pontoise. Andrésy ne dut pas échapper au malheureux sort des localités riveraines de la Seine et de l'Oise.

Toutefois, rien n'empêche d'assigner une date encore plus récente à une partie du cimetière, puisque nous avons constaté que beaucoup de tombes, qui ne paraissent pas avoir été violées, ne présentaient pas l'inhumation habillée, laquelle, défendue par les canons de l'Église, a persisté malgré cela jusqu'au dixième siècle.

D'un autre côté, les hauteurs de l'Hautil offraient un asile sûr aux habitants d'Andrésy; pillés et brûlés par les Normands, ils en redescendaient ensuite relever leur établissement ruiné.

En supposant qu'ils aient été tous surpris et massacrés à un moment donné, ils ont dû être remplacés par une autre tribu; ce qui expliquerait pourquoi certaines tombes sont orientées différemment des autres, du nord au sud, orientation que l'abbé Cochet a attribuée à cette tribu saxonne qui vint s'implanter, vers l'an 407, dans les diocèses de Coutances et de Bayeux, et y subsista pendant plusieurs siècles avec ses coutumes analogues à celles des Germains.

Enfin, on sait que les cimetières mérovingiens, et surtout carolingiens, entouraient souvent une croix.

Il en existe précisément une dans le cimetière actuel d'Andrésy, qui paraît remonter à cette époque.

Cette croix d'un seul morceau, dont le dessin est donné ci-dessus, est en pierre fine, provenant probablement du banc royal de Conflans ; elle est montée sur un socle très simple, ce qui indique bien que ce n'est pas une croix de carrefour, car celles-ci étaient posées sur un socle formant un petit autel avec quelques marches en avant.

Sa forme est très gracieuse et présente tous les caractères de la période romane, fin de l'époque carlovingienne, ce qui la ferait remonter au onzième siècle.

Si, comme nous le supposons, elle provient du cimetière mérovingien et aussi carlovingien d'Andrésy, il en résulte que celui-ci embrasse une période très longue du sixième au douzième siècle environ.

4673. — Lib.-Imp. réunies, 2, rue Mignon, Paris

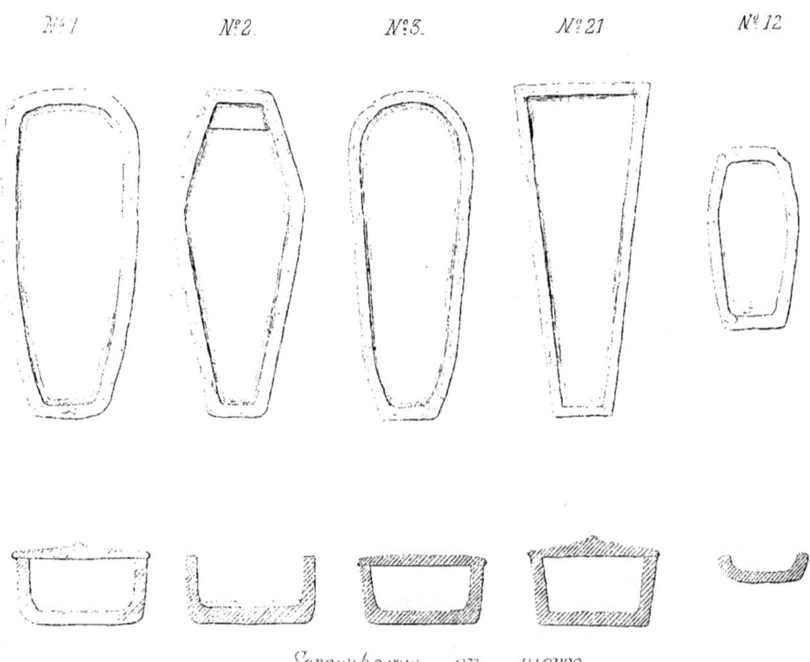

Sarcophages en pierre

Dalles en pierre avec dessins

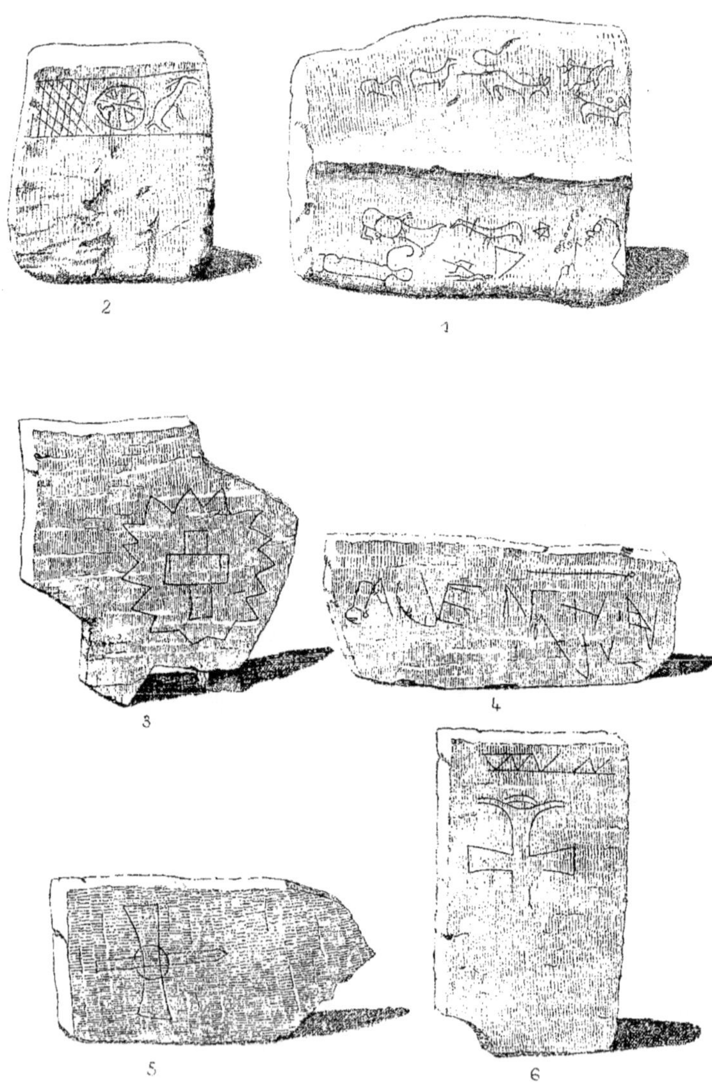

Dalles en pierre avec dessins

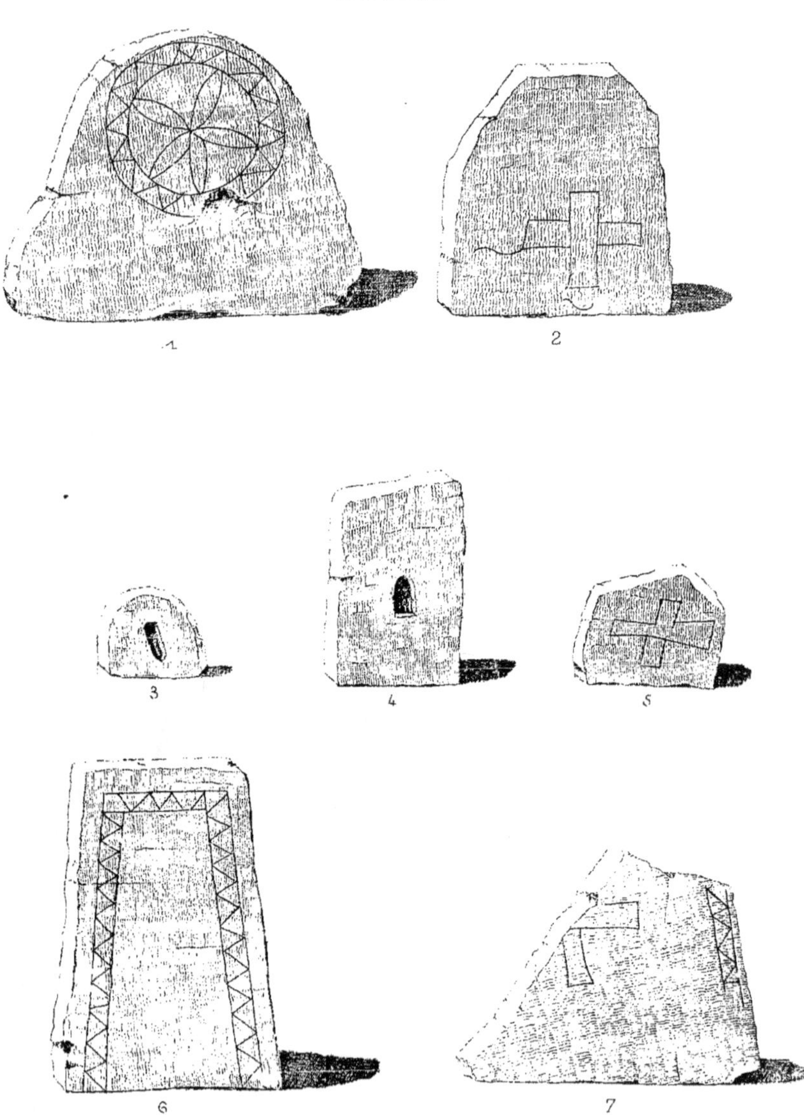

Armes et couteaux

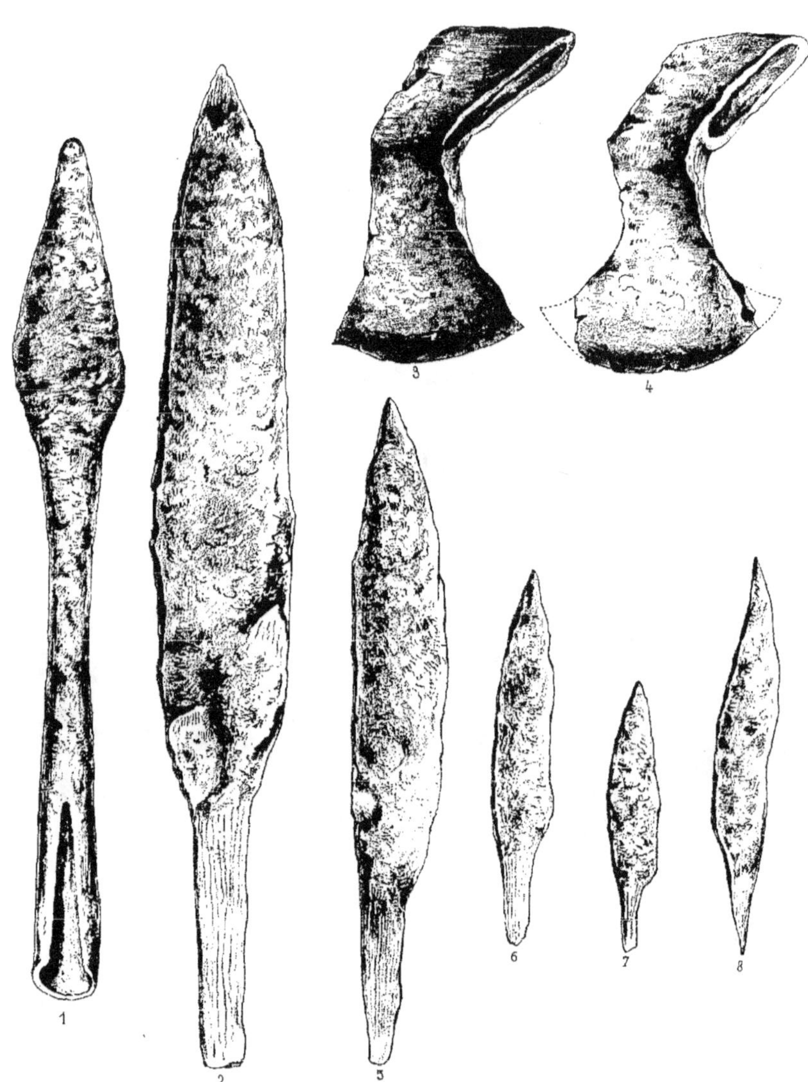

Verrerie et bijoux

MOTTEROZ

Entier

R 115626

Cde : 321   Volts : Auto   : 14½

Date : M.03.98   FB

Service de la reproduction